C'ERA UNA FIABA...

Quattro fiabe nel sacco

illustrazione di copertina: Nicoletta Costa
progetto grafico: Gaia Stock

Il gatto con gli stivali
© 2006 Edizioni EL, San Dorligo della Valle (Trieste)

Riccioli d'Oro e i tre orsi
© 2008 Edizioni EL, San Dorligo della Valle (Trieste)

Barbablú
© 2008 Altan/Quipos S.r.l. per le illustrazioni
© 2008 Edizioni EL, San Dorligo della Valle (Trieste)

Il Principe Felice
© 2008 Edizioni EL, San Dorligo della Valle (Trieste)

© 2009 Edizioni EL, San Dorligo della Valle (Trieste), per la presente edizione
ISBN 978-88-477-2571-3

www.edizioniel.com

C'ERA UNA FIABA...

Quattro fiabe nel sacco

...raccontate da **Roberto Piumini**

Edizioni E*L*

Il gatto con gli stivali

da **Charles Perrault**

illustrata da Francesca Chessa

UN VECCHIO MUGNAIO, IN PUNTO DI MORTE, CHIAMÒ I SUOI TRE FIGLI.
"LASCIO IL MULINO A TE, CHE SEI IL MAGGIORE," DISSE. "A TE, CHE SEI IL SECONDO, LASCIO L'ASINO. A TE, CHE SEI IL TERZO, LASCIO IL GATTO."
IL TERZO FIGLIO ERA SCONSOLATO. GUARDAVA IL GATTO, E DICEVA:
"I MIEI FRATELLI, CON IL MULINO E L'ASINO, POTRANNO CAMPARE: MA IO CHE FARÒ, CON QUESTO GATTO? POSSO SOLO MANGIARLO, E CON LA PELLE FARMI UN MANICOTTO CALDO PER LE MANI!"

IL GATTO, SENTITI QUEI PROGETTI, DISSE:
"CHE COSE BRUTTE: FANNE DUE BELLE!"
"QUALI?"
"PROCURAMI UN BEL PAIO DI STIVALI, E DAMMI
UN SACCO SENZA BUCHI SUL FONDO."
IL GIOVANE, CHE SAPEVA QUANTO FURBO ERA
IL GATTO, GLI FECE FARE DEGLI STIVALI E GLI
DIEDE UN SACCO.
IL GATTO INFILÒ GLI STIVALI, PRESE IL SACCO,
E PARTÍ. ARRIVATO NEL BOSCO, MISE DELL'ERBA
FRESCA IN FONDO AL SACCO E ASPETTÒ,
FINCHÉ UN CONIGLIO ENTRÒ IN TRAPPOLA.
IL GATTO STRINSE I LACCI, CARICÒ LA PREDA
IN SPALLA, E SE N'ANDÒ.

13

ARRIVATO ALLA REGGIA, IL GATTO CHIESE DI
ESSERE RICEVUTO DAL RE. DAVANTI AL TRONO,
TIRÒ FUORI IL CONIGLIO E DISSE:
"MAESTÀ, IL MARCHESE DI CARABÀ TI MANDA
QUESTO DONO, PRESO DALLA SUA CONIGLIERA."
"RINGRAZIALO DA PARTE MIA," DISSE IL RE.
IL GATTO ANDÒ IN UN CAMPO DI GRANO,
MISE DIECI CHICCHI SUL FONDO DEL SACCO
E CATTURÒ DUE PERNICI, POI TORNÒ DAL RE.
"IL MARCHESE DI CARABÀ TI MANDA QUESTE
PERNICI, PRESE DAL SUO CARNIERE DI CACCIA."
"ANCHE QUESTO DONO È MOLTO GRADITO,"
DISSE IL RE. "RINGRAZIA IL MARCHESE DA
PARTE MIA."

15

Per tre mesi il gatto portò al re della cacciagione, dicendo che la mandava il Marchese di Carabà, e il re ringraziava ogni volta. Un giorno, passando a corte con le orecchie aperte, venne a sapere che il re e la figlia avrebbero fatto una passeggiata lungo il fiume.

"Padrone, fa' come dico," disse il gatto. "Va' al fiume, nel posto che dirò, togli tutti i vestiti e fa il bagno."

Il giovane lo fece. Quando il re passò in riva al fiume, il gatto cominciò a gridare: "Aiuto, aiuto, il Marchese di Carabà affoga!"

17

Il re, sentite quelle grida, mandò tre guardie a pescare il giovane dal fiume.

"Aiuto, aiuto!" gridò il gatto, che aveva nascosto i vestiti sotto una pietra. "I ladri hanno rubato le vesti del Marchese!"

Il re fece spogliare il nobile più elegante del seguito, e diede i suoi vestiti al giovane.

"Che fortuna incontrarti, Marchese di Carabà!" disse il re.

"Anche per me, Maestà, una vera fortuna!" disse il giovane, dando occhiate alla principessa: e siccome era un bel ragazzo, anche la principessa guardava lui.

19

"ORA SIAMO STANCHI DI CAMMINARE," DISSE
IL RE. "SALI IN CARROZZA, E CONTINUIAMO."
IL GIOVANE SALÍ, E NON STACCAVA GLI OCCHI
DALLA PRINCIPESSA, MENTRE LEI GLI SFIORAVA
IL PIEDE CON IL SUO.
INTANTO IL GATTO CORREVA AVANTI ALLA
CARROZZA, E QUANDO VIDE DEI CONTADINI
CHE FALCIAVANO IL FIENO, DISSE: "SE NON DITE
AL RE CHE QUESTI PRATI SONO DEL MARCHESE
DI CARABÀ, SARETE FATTI A PEZZETTINI!"
PASSÒ LA CARROZZA, E IL RE CHIEDEVA:
"BUONI UOMINI, DI CHI È QUESTA BELLA TERRA?"
"DEL MARCHESE DI CARABÀ!" RISPONDEVANO
I CONTADINI.

Il gatto correva avanti, e quando incontrò dei mietitori, disse: "Se non dite al re che questo grano è del Marchese di Carabà, sarete graffiati sugli occhi tutte le notti!"

"Di chi sono questi bei campi di grano?" chiese il re poco dopo.

"Del Marchese di Carabà!" rispondevano i contadini.

Il gatto correva avanti, e cosí disse e cosí fece altre dieci volte, e il re era meravigliato di quante terre possedesse il Marchese di Carabà.

Corri e corri, il gatto arrivò a un grande castello, dove abitava un orco ricchissimo.

Chiese di essere ricevuto, per rendergli omaggio. L'orco, che era vanitoso, lo ricevette.

"Dicono che tu possa cambiarti in qualsiasi animale," disse il gatto.

"Sicuro, sicuro!" rispose quello. "Dimmi l'animale che vuoi, e lo diventerò."

"Sei capace di diventare leone?"

L'orco, zaffete, si mutò in leone, e il gatto scappò sull'armadio, fingendosi spaventato.

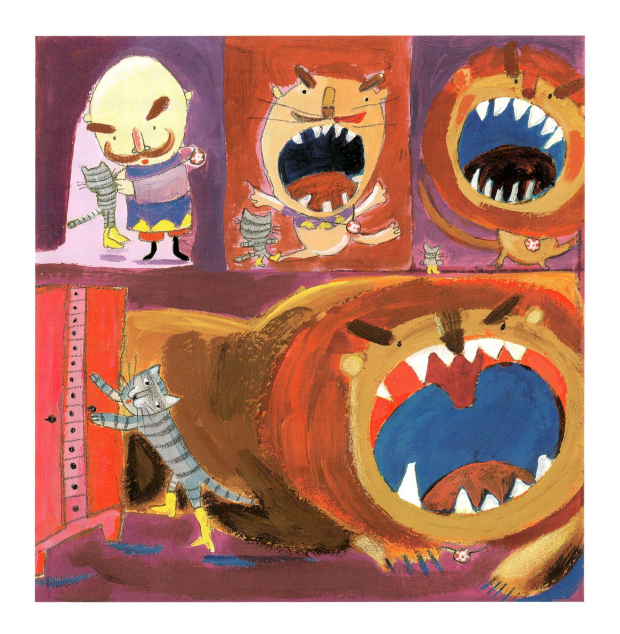

"ORA CI CREDI?" DISSE L'ORCO, RIPRENDENDO
IL SUO ASPETTO.

"CI CREDO E NON CI CREDO," DISSE IL GATTO,
SALTANDO GIÚ DALL'ARMADIO.

"PERCHÉ?"

"PERCHÉ TRASFORMARSI IN ANIMALE GROSSO
È COSA FACILE. MOLTO PIÚ DIFFICILE SAREBBE
TRASFORMARSI IN UN ANIMALE PICCOLO,
COME UN TOPOLINO."

"AH, DAVVERO?" DISSE L'ORCO, E ZAFFETE,
SI TRASFORMÒ IN TOPOLINO.

NON FECE NEMMENO IN TEMPO A MUOVERE
LA CODA UNA VOLTA, CHE IL GATTO GLI SALTÒ
ADDOSSO E LO DIVORÒ.

Intanto la carrozza del re era arrivata.
Il gatto corse al portone, e s'inchinò.
"Benvenuti al castello del Marchese
di Carabà, Maestà e Principessa!"
"Marchese, è davvero tuo, questo castello?"
disse il re, meravigliato.
"Sí, se lo dice il gatto!" sorrise il giovane,
e aiutò la principessa a scendere, dandole
la mano: e lei gli fece il solletico sulla
palma con il dito.
Allora visitarono il palazzo, e arrivarono
a una grandissima sala, dove era
apparecchiata la tavola piú ricca che
si fosse mai vista.

29

Alla fine del pranzo, il re disse:
"Marchese di Carabà, vuoi sposare
la mia figliola?"
"Se anche lei vuole, Maestà," disse
il giovane.
"Lo voglio e lo stravoglio!" disse la
principessa, e cosí si prepararono le
nozze, e furono fatte, e tutti vissero
nel castello felici e contenti, e il gatto
andava a caccia di topi solo per
divertirsi un po'.
E chi a questa bella storia non crede,
ha gli occhi aperti, eppure non vede.

31

Riccioli d'Oro
e i tre orsi

da **tradizione popolare inglese**

illustrata da **Valentina Salmaso**

IN UNA CASA DEL BOSCO VIVEVANO TRE
ORSI: UNO ERA PICCOLO, UNO ERA MEDIO,
E UNO ERA GROSSO. IL PICCOLO AVEVA
UNA SCODELLA PICCOLA, IL MEDIO AVEVA
UNA SCODELLA MEDIA E IL GROSSO AVEVA
UNA SCODELLA GROSSA.
LO STESSO ACCADEVA PER LE SEDIE, I LETTI,
E ANCHE QUALCHE ALTRA COSA.

Un giorno i tre orsi prepararono una buona zuppa d'avena, e la misero nelle scodelle.

"È ancora troppo calda," disse l'orso grosso.

"Se la mangiamo adesso ci scottiamo," disse l'orso medio.

"Facciamo un giretto nel bosco, mentre si raffredda," disse l'orso piccolo.

E uscirono nel bosco.

MA ECCO, MENTRE I TRE ORSI ERANO A PASSEGGIARE, PASSÒ VICINO ALLA CASA UNA BAMBINA CHIAMATA RICCIOLI D'ORO. GUARDÒ PRIMA DALLA FINESTRA, POI SBIRCIÒ DALLA SERRATURA, E NON VIDE NESSUNO. ALLORA GIRÒ LA MANIGLIA: LA PORTA SI APRÍ, E LA BAMBINA SI TROVÒ DAVANTI ALLE TRE SCODELLE DI ZUPPA.

39

Siccome aveva fame, senza pensarci nemmeno un attimo, Riccioli d'Oro assaggiò la zuppa nella scodella grande, ma la trovò troppo calda. Assaggiò la zuppa nella scodella media, ma era troppo fredda. Quella della scodella piccola, invece, le sembrò della giusta temperatura, e se la mangiò tutta.

DOPO MANGIATO, LA BAMBINA PENSÒ DI
RIPOSARE UN PO', E SEDETTE SULLA SEDIA
GRANDE.

"UH, COM'È DURA!" SOSPIRÒ.

SEDETTE SU QUELLA MEDIA.

"OH, COM'È MOLLE!" SBUFFÒ.

SEDETTE SULLA PICCOLA, E SI TROVÒ BENE:
MA DOPO TRE MINUTI, SOTTO IL SUO PESO,
LA SEDIA SI SFASCIÒ.

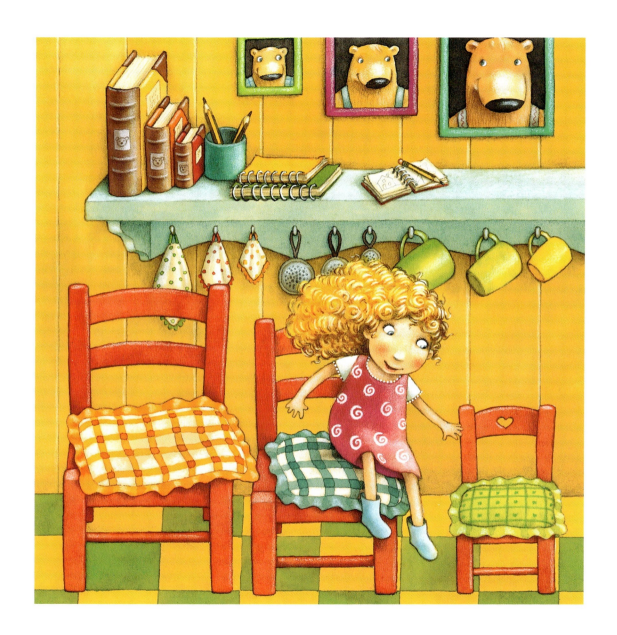

43

ALLORA RICCIOLI D'ORO SI ALZÒ, ANDÒ
NELLA CAMERA DA LETTO, E SI STESE SUL
LETTO GRANDE:
"TROPPO ALTO, QUESTO LETTO!" SOSPIRÒ.
SI STESE SUL LETTO MEDIO.
"TROPPO LARGO, QUESTO LETTO!" SBUFFÒ.
SI STESE SUL LETTO PICCOLO, E LO TROVÒ
PERFETTO, TANTO CHE SUBITO
S'ADDORMENTÒ.

45

INTANTO I TRE ORSI, PENSANDO CHE LA ZUPPA SI FOSSE ORMAI RAFFREDDATA, TORNARONO A CASA.

"CHI HA TOCCATO LA MIA ZUPPA?" DISSE L'ORSO GRANDE, VEDENDO IL CUCCHIAIO NELLA SUA SCODELLA.

"CHI HA TOCCATO LA MIA ZUPPA?" CHIESE L'ORSO MEDIO, VEDENDO IL CUCCHIAIO ANCHE NELLA SUA.

"CHI HA MANGIATO LA MIA ZUPPA?" DISSE L'ORSO PICCOLO.

47

"BISOGNA DARE UN'OCCHIATA IN GIRO," DISSE L'ORSO GRANDE. PRESTO SI ACCORSE CHE IL CUSCINO SULLA SUA SEDIA ERA SPOSTATO.

"CHI SI È SEDUTO SULLA MIA SEDIA?" CHIESE.

L'ORSO MEDIO VIDE CHE IL CUSCINO DELLA SUA SEDIA ERA SCHIACCIATO.

"CHI SI È SEDUTO SULLA MIA?" DISSE.

"E LA MIA, CHI L'HA SFASCIATA?" DISSE L'ORSO PICCOLO.

"Bisogna dare un'altra occhiata in giro," disse l'orso grande.

Uno dietro l'altro, piano piano, salirono la scala che portava di sopra, entrarono in camera, ed ecco videro sul letto grande il cuscino spostato, sul letto medio la coperta arricciata, e sul letto piccolo Riccioli d'Oro che dormiva profondamente.

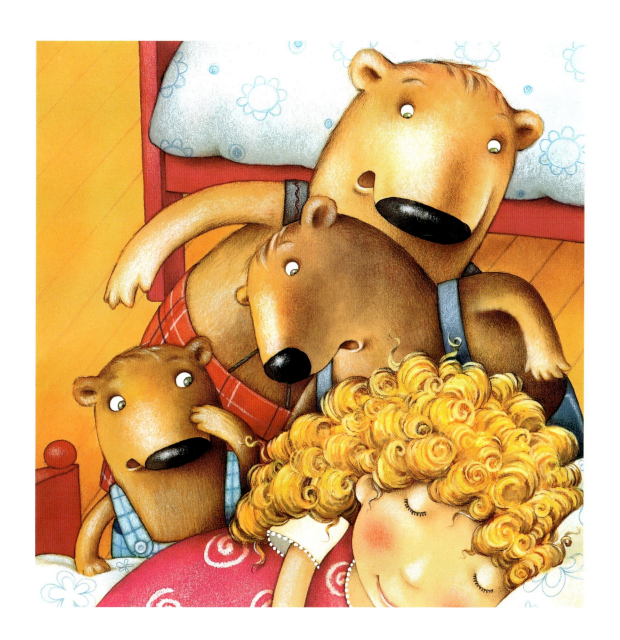

"E QUESTA, CHI È?" GRIDARONO INSIEME I TRE: MA SAREBBE BASTATA LA VOCE DI UNO SOLO, PER SVEGLIARE DI COLPO RICCIOLI D'ORO.

QUANDO VIDE I TRE ORSI CHE LA GUARDAVANO A UN LATO DEL LETTO, LA BAMBINA SPALANCÒ GLI OCCHI E LA BOCCA, MA INVECE DI GRIDARE FECE UN GRAN SALTO DALL'ALTRO LATO, E CON UN ALTRO SALTO SI BUTTÒ DALLA FINESTRA, CADENDO SU UN BEL CESPUGLIO.

POI, SENZA VOLTARSI INDIETRO, SI MISE A SCAPPARE.

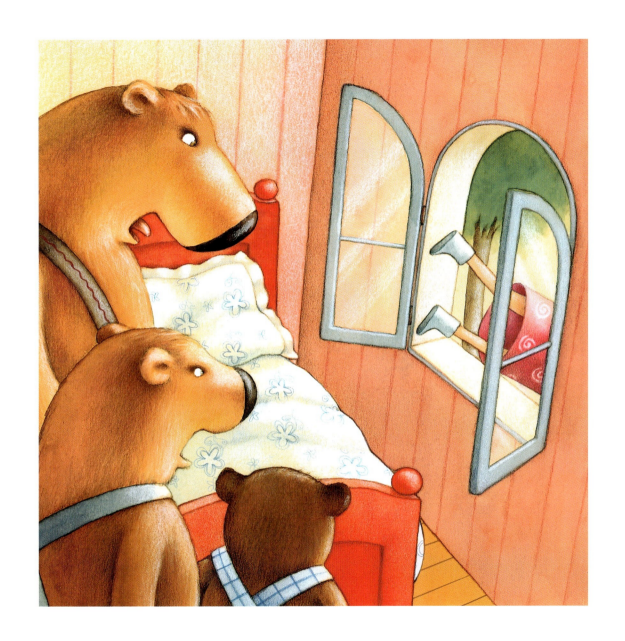

"Bisognerà riaggiustare la sedia, domani," sospirò l'orso medio.

"Bisognerà tenere la porta chiusa, quando usciremo," osservò l'orso grosso.

"Ma adesso mi date un po' della vostra zuppa, vero?" chiese l'orso piccolo.

Cosí, sospirando, scesero di sotto, mentre, nel bosco, Riccioli d'Oro ancora correva.

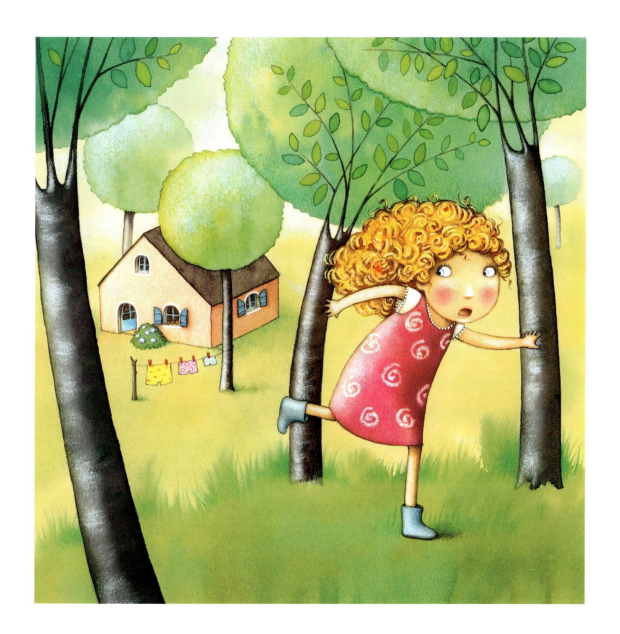

Barbablú

da **Charles Perrault**

illustrata da **Francesco Altan**

In un paese c'era una ragazza di nome Primula, coraggiosa e gentile. La sua gentilezza piaceva, ma il coraggio sembrava da maschiaccio, perciò i giovani non le facevano la corte.

Un giorno il padre le disse:

"Quelle della tua età sono maritate. Sei stata chiesta in moglie da un gentiluomo di una terra vicina, e ho deciso che lo sposerai."

Siccome quello era l'uso, Primula
lasciò padre e fratelli, e sposò l'uomo,
che aveva trentasette anni piú di lei e
la barba blu. Era stato sposato sei
volte, ma nessuno sapeva dove fossero
le mogli.
Lo sposo la portò nel suo palazzo.
Era gentile con lei, anche se non
parlava spesso.

UN GIORNO BARBABLÚ DISSE:
"PARTO PER SETTE GIORNI. ECCO
IL COFANETTO CON LE CHIAVI DI CASA,
VENTIDUE CHIAVI QUANTE SONO LE
STANZE. MA RICORDA: NELLA VENTIDUESIMA
NON DEVI ENTRARE MAI, MAI, MAI."
MONTÒ SUL CAVALLO NERO, E PARTÍ.
LEI CORSE A GUARDARE IL COFANETTO.

Il primo giorno Primula aprí la porta di otto stanze, il secondo giorno la porta di sei, il giorno dopo di quattro, il quarto giorno di due. Nelle stanze trovava letti, mobili, stoviglie, stoffe e altre cose di casa. Il mattino del quinto giorno prese la ventunesima chiave, e aprí la ventunesima porta.

Là dentro c'erano ventidue quadri, con le figure del padre e della madre, del nonno e della nonna e di altri parenti del marito. Gli uomini avevano tutti la barba blu. Le donne non avevano la barba, ma c'era del blu nei loro capelli.

Tutte le figure dei quadri guardavano Primula, minacciose.

67

Il quinto giorno Primula aprí il
cofanetto e guardò la ventiduesima
chiave, quella della stanza proibita.
Poi chiuse il cofanetto e andò
a cucire l'orlo di un mantello rosso.
Il sesto giorno aprí il cofanetto,
prese la chiave, andò fino alla porta
della ventiduesima stanza, ma, senza
toccarla, si voltò e riportò la chiave
nel cofanetto.

69

Il mattino del settimo giorno, Primula guardò dalla finestra, e vide lontano lontano un punto nero: era Barbablú a cavallo che tornava. Allora corse, aprí il cofanetto, prese la chiave, andò alla ventiduesima porta e l'aprí.

Da principio non vide niente, ma appena gli occhi si abituarono vide sei scheletri appesi.

Ecco dove erano finite le mogli di Barbablú.

71

Primula gridò, e per lo spavento le cadde la chiave. La raccolse in fretta, uscí, chiuse la porta e di corsa riportò la chiave nel cofanetto.

Nel cortile si sentivano i passi di Barbablú.

Lei sedette, e finse di cucire il mantello rosso.

Entrò Barbablú, e si fermò sulla porta a guardarla.

"Cos'è quel rosso che hai sulle mani?" le chiese.
Lei si guardò le mani, vide che erano sporche di sangue, e disse:
"Sono i fili rossi del mantello."
Lui si avvicinò, le prese le mani, guardò, e disse, cupo:
"Aspettami qui."

Uscí, e andò a guardare nel cofanetto. Trovò la chiave della ventiduesima stanza, e vide che era sporca di sangue: si era macchiata quando era caduta. Allora tornò indietro con il pugnale in mano per uccidere Primula, ma lei non aveva aspettato. Veloce come il vento era fuggita dal palazzo, e correndo era arrivata a casa sua.

"Cosa fai qui, sorella?" le chiesero i tre fratelli.

Lei raccontò quello che aveva visto nel palazzo di Barbablú.

Si sentí un rumore di zoccoli.

I fratelli presero spade e bastoni, e si nascosero. Appena Barbablú, cercando Primula, scese da cavallo, lo circondarono e lo uccisero. Primula fu salva, ed ereditò le ricchezze del marito. Ma nel palazzo non tornò: lo fece bruciare, e al suo posto piantò un roseto.

Il Principe Felice

da Oscar Wilde

illustrata da Alessandra Cimatoribus

Tutti ammiravano, in città, la preziosissima statua del Principe Felice, che era ricoperta di sottili foglie d'oro, per occhi aveva due zaffiri e sull'elsa un grosso rubino.

In un giorno di tardo autunno, un rondinotto si fermò per riposare ai suoi piedi. Una goccia gli cadde addosso all'improvviso.

Guardò in alto, e vide che la statua piangeva.

"Perché piangi?" chiese l'uccello.

"Quando ero vivo, stavo in un Palazzo pieno di saloni e di bellezze, e non mi preoccupavo di niente," rispose il Principe. "Ma da quassú vedo ogni miseria, e per questo piango."

83

"LAGGIÚ, IN QUELLA CASA, VEDO UNA DONNA CHE CUCE, E NEL LETTO VICINO A LEI C'È UN BAMBINO CON LA FEBBRE, CHE HA MOLTA SETE," CONTINUÒ LA STATUA. "LUI CHIEDE ARANCE, MA LEI HA SOLO ACQUA DA DARGLI. PER FAVORE, PRENDI IL RUBINO DELLA MIA SPADA E PORTALO A LEI."

"MA DEVO VOLARE IN EGITTO, PRINCIPE," REPLICÒ IL RONDINOTTO. "I MIEI FRATELLI MI ASPETTANO LAGGIÚ, DOVE VOLEREMO FRA I RAMI FRUSCIANTI DELLE PALME…"

"AIUTAMI SOLO PER QUESTA VOLTA, AMICO RONDINOTTO," DISSE IL PRINCIPE, CON LA SUA BASSA VOCE GENTILE.

IL RONDINOTTO TOLSE IL RUBINO, VOLÒ SULLA CITTÀ, FINO ALLA POVERA CASA, ENTRÒ DA UN BUCO DEL TETTO E LO POSÒ SUL TAVOLO.

LA POVERA DONNA, CHE STAVA CUCENDO, AL LIEVE RUMORE SOLLEVÒ LA FACCIA, E RESTÒ STUPEFATTA.

L'UCCELLO TORNÒ ALLA STATUA, E POICHÉ S'ERA STANCATO PORTANDO IL RUBINO, SI ADDORMENTÒ.

SI SVEGLIÒ IL GIORNO DOPO. IL SOLE ERA GIÀ ALTO.

IL CIELO ERA ATTRAVERSATO DAGLI ULTIMI UCCELLI IN PARTENZA PER LE TERRE CALDE.

IL RONDINOTTO VOLÒ QUALCHE MINUTO SUI TETTI PER SGRANCHIRSI LE ALI, POI ANNUNCIÒ:

"PARTO PER L'EGITTO! VOLERÒ SU TERRE E MARE, E FRA UNA SETTIMANA DORMIRÒ SULLE PIETRE DELLE PIRAMIDI, DOVE SONO SEPOLTI I FARAONI!"

"DALL'ALTRA PARTE DELLA CITTÀ, VEDO UN GIOVANE, IN UNA SOFFITTA," DISSE IL PRINCIPE. "CERCA DI SCRIVERE IL FINALE DI UNA COMMEDIA, MA HA TROPPO FREDDO E FAME... PRENDI UNO DEI MIEI OCCHI DI ZAFFIRO E PORTAGLIELO, COSÍ AVRÀ LEGNA E CIBO E POTRÀ FINIRE IL SUO LAVORO."

"IO NON VOGLIO LEVARTI UN OCCHIO!" DISSE IL RONDINOTTO.

"NON TEMERE, NON SENTIRÒ DOLORE," DISSE IL PRINCIPE. "FA COME HO DETTO, AMICO MIO." L'UCCELLO ALLORA PRESE L'OCCHIO, VOLÒ SULLA CITTÀ FINO ALLA SOFFITTA, ENTRÒ E LO POSÒ SUL TAVOLO.

IL GIOVANE SCRITTORE RESTÒ SENZA FIATO PER LA SORPRESA.

IL RONDINOTTO TORNÒ ALLA STATUA, E DI NUOVO S'ADDORMENTÒ IN UNA CAVITÀ SOTTO I PIEDI DEL PRINCIPE FELICE.

LE GIORNATE ERANO CORTE, E VENIVA FREDDO PRESTO, ALLA SERA. IL PRINCIPE CERCAVA DI CONSERVARE UN POCO DEL CALORE DEL SOLE E, IN QUALCHE MODO, MANTENEVA QUEL CALORE ATTORNO AL RONDINOTTO ADDORMENTATO.

IL GIORNO DOPO L'UCCELLO SI SVEGLIÒ, GUARDÒ IL CIELO ORMAI VUOTO DI VOLI, E SI ALZÒ UN POCO SULLA CITTÀ PER SGRANCHIRSI LE ALI.

NONOSTANTE IL SOLE, L'ARIA ERA FREDDA: L'INVERNO ERA ARRIVATO.

"Parto per l'Egitto, Principe!" annunciò al ritorno, agitando le ali. "Porterò i tuoi saluti alle piramidi, al Nilo, e se vuoi anche agli ippopotami e ai coccodrilli, piú a Sud, dove vivono altissimi uomini neri che cantano stupende canzoni! È un peccato che tu sia rimasto sempre nel tuo Palazzo, quando eri vivo… Ma prometto che, quando tornerò, a primavera, ti racconterò tutto quello che avrò visto laggiú!"

Il Principe, che lo aveva ascoltato in silenzio, disse con la sua voce quieta: "Guarda lí sotto, amico mio."

93

L'UCCELLO GUARDÒ: NELLA PIAZZA CHE STAVA SOTTO LA STATUA, UNA PICCOLA FIAMMIFERAIA MAGRA E PALLIDA OSSERVAVA QUALCOSA AI SUOI PIEDI.

"QUELLA POVERETTA HA LASCIATO CADERE TUTTI I FIAMMIFERI NELL'ACQUA, E SI SONO TUTTI ROVINATI," DISSE IL PRINCIPE. "SUO PADRE LA PICCHIERÀ DI CERTO, QUANDO TORNERÀ A CASA."

"NON VORRAI DARE L'ALTRO OCCHIO A LEI, VERO?" DISSE IL RONDINOTTO, GUARDANDO SOSPETTOSO IL VOLTO IMMOBILE DELLA STATUA.

IL PRINCIPE NON RISPOSE, MA IL SUO SILENZIO PARLAVA PER LUI: ERA PROPRIO QUELLO CHE VOLEVA.

IL RONDINOTTO LEVÒ IL SECONDO OCCHIO, LO
PRESE NEL BECCO E CON UN CORTO VOLO ANDÒ
A INFILARLO NELLA MANO DELLA RAGAZZINA,
CHE GUARDÒ LA PIETRA PREZIOSA, FELICE, E SE NE
ANDÒ.

UN VENTO FREDDO, DA SETTENTRIONE, ARRUFFAVA
LE PIUME NERE E BIANCHE DEL RONDINOTTO.
"ORA VOLA IN EGITTO, AMICO MIO!" DISSE IL
PRINCIPE. "TI RINGRAZIO PER QUELLO CHE HAI
FATTO PER ME… ANCHE SE NON POSSO VEDERE
PIÚ NIENTE, QUANDO MI RACCONTERAI DELL'EGITTO,
IN PRIMAVERA, VEDRÒ TUTTO NEL MIO PENSIERO!"
"NON POSSO LASCIARTI QUI SOLO E CIECO," DISSE
L'UCCELLO, DOPO UN ISTANTE. "RESTERÒ CON TE."

97

Il Principe non voleva, ma il rondinotto rimase.

Quando capì che l'uccello non avrebbe cambiato idea, il Principe cercò ancora di più di raccogliere il calore del sole di giorno, e conservarlo nei suoi piedi, per la notte. Ogni tanto chiedeva:

"Vola sulla città, amico mio, e dimmi cosa vedi."

Il rondinotto volava, e vedeva poveri, bambini e vecchi senza casa e cibo, e tornava a dirlo al Principe.

"Stacca le foglie d'oro che mi coprono," diceva il Principe. Il rondinotto le staccava una a una e le portava ai poveri.

Era sempre piú freddo e nessun altro uccello volava nel cielo della città. Quando anche l'ultima foglia d'oro fu staccata, e il rondinotto l'ebbe portata a un vecchio che dormiva in una barca dall'altra parte della città, tornò nel suo rifugio sotto la statua e sentí che stava per morire.

Non aveva piú forza, vita e calore nelle ali e nel sangue.

Si alzò nell'ultimo volo, sfiorò col becco la guancia del Principe e cadde morto ai suoi piedi.

Quando il Principe sentí quel bacio e il piccolo tonfo, capí quello che era successo, e dai suoi occhi vuoti uscirono lacrime, che gelarono in un attimo.

"COM'È DIVENTATA BRUTTA E SPOGLIA LA STATUA DEL PRINCIPE!" DISSE IL SINDACO DELLA CITTÀ IL GIORNO DOPO. "FONDIAMOLA, E COL BRONZO FAREMO LA MIA STATUA!"

PRESERO LA STATUA E LA MISERO NELLA FORNACE, MA NON RIUSCIRONO A FONDERE IL SUO CUORE DI PIOMBO. LO BUTTARONO SU UN MUCCHIO DI RIFIUTI, DOVE ERA STATO GETTATO IL RONDINOTTO MORTO.

DIO GUARDÒ DAL CIELO LA CITTÀ, E DISSE A UN ANGELO: "SCENDI, E PORTA LE DUE COSE PIÚ PREZIOSE CHE TROVERAI."

L'ANGELO SCESE, PRESE IL RONDINOTTO E IL CUORE DI PIOMBO E LI PORTÒ IN PARADISO.

"QUESTO UCCELLINO, E IL PRINCIPE FELICE," DISSE DIO, "CANTERANNO NELLA MIA CASA PER L'ETERNITÀ."

103

INDICE

C'ERA UNA FIABA...

Finito di stampare nel mese di settembre 2009
per conto delle Edizioni EL
presso LEGO S.p.A., Vicenza